JN216233

Les pâtes magiques

鍋は1つ! 麺も具も
まとめてゆでる簡単レシピ

魔法のパスタ

村田裕子

シンプルなクリームソース →P10
Sauce à la crème fraîche

Introduction

簡単でおいしい魔法のパスタ

パスタといえばイタリアのソウルフードですが、

実はお隣フランスでもかなりの人気料理。

ナイフとフォークで短く切りながら食べたり、

アルデンテをあまり気にしなかったりと、

フランス人は少し不思議な食べ方をしますが、

そんなフランスで近ごろ流行中のパスタがあります。

それが pâtes magiques や pasta magiques と呼ばれる、

「**魔法のパスタ**」です。

作り方はとっても簡単。

1つの鍋に、パスタも具もソースも入れて、

まとめていっしょにゆでるだけ。洗いものも、手間も、

調理時間も、すべてが軽減されていいことずくめです。

では、お味は？

これがまたおいしいのです。

パスタとソースがよくなじんで、一体感ある味になり、

一般の乾麺にはないもちもちとした食感に仕上がります。

失敗することはほとんどなく、

むしろ普通に作るよりぐんとおいしくなるパスタも！

フランス風に、彩り豊かでおしゃれな

50のレシピをそろえました。

毎日の食事に、1人のランチに、ホームパーティの一品に、

大活躍してくれること間違いありません。

イタリア人が見たら怒ってしまうかも？

でも簡単でおいしいのだから、

これ以上のことはありませんよね。

Avant la cuisson

調理の前に

特別な道具や材料はまったく必要ありません。
手持ちのもので十分ですが、おいしく作るためのこつを解説します。

鍋

ロングパスタを折らずに入れられるのは直径が26cm以上の鍋です。オーバル（楕円形）のものだとロングパスタが入れやすいでしょう。必ずふたつきのものを使ってください。小さい鍋を使う場合、ロングパスタが入らなければ、長さを半分に折ってください。

パスタ

お好みのものをお使いください。蒸し煮にする時間はパッケージの表示に準じます。水につける時間、煮つめる時間はP13の表を参照し、近いものから類推してください。右の写真のような太麺も、この魔法のパスタにはよく合います。

トマト缶

ホールのほうがおいしいのでホールを使っていますが、鍋に入れる前にざく切りにする必要があります。ダイスカットならそのまま使えます。お好みでどうぞ。2人分だと½缶（200g）しか使わないので、残ったものはジッパーつき保存袋に入れて保存してください。冷蔵で2〜3日、冷凍で2週間ほど保存できます。

オリーブオイル

エクストラバージンオリーブオイルを使っています。好みのものをお使いください。

白ワイン

高いものを使う必要はありません。お手ごろ価格のもので。

バター

加塩でも食塩不使用でも構いません。好みのものでどうぞ。

生クリーム

乳脂肪分45%のものだと濃厚な仕上がりになりますが、35%程度でも問題ありません。

固形スープの素

「コンソメ」などと呼ばれるものです。固形½個は顆粒タイプの小さじ½で代用できます。

チーズ

仕上げに使うのは主にすりおろしたパルミジャーノレッジャーノです。粉チーズでも構いません。

にんにく

ごく普通のにんにくです。包丁の柄などで2〜3回たたいてつぶしてから使います。

Sommaire

もくじ

野菜が主役の魔法のパスタ

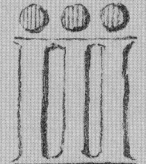
《この本の使い方》 • 材料は特に記載がない限り2人分です。 • 大さじ1は15ml、小さじ1は5mlです。
• 電子レンジは600Wのものを使用しています。W数に応じて加熱時間を調整してください。

La recette de base

基本の作り方

基本的な流れはとってもシンプルです。パスタを水につけているあいだに、その他の具の下ごしらえをし、あとは鍋にまとめて入れて、蒸し煮にするだけ。最後に仕上げの材料をあえたり、ふったりすればできあがりです。

シンプルな
クリームソース

Sauce à la crème fraîche

基本的に材料は4つに分かれる。主役となるスパゲティなどのパスタ、野菜や肉などの〔具〕、ソースの〔A〕、ゆで上がったあとに加える〔仕上げ〕。

材料

スパゲティ（1.7㎜）　160g ▶ ざっと洗い、水につけてふやかす [a]

〔具〕｜ブロッコリー　½個 ▶ 小房に分ける [b]

〔A〕｜オリーブオイル　大さじ1
　　　生クリーム　100㎖
　　　水　400㎖
　　　塩　小さじ½
　　　こしょう　少々

〔仕上げ〕｜生クリーム　100㎖

粉っぽさを軽減し、やわらかくして鍋に入れやすくするため。90度近くまで曲がるようになればOK。それでも鍋に収まらないときは長さを半分に折る。この水は調理には流用しないこと。

パスタを水につけているあいだに、具の下ごしらえを済ませる。

1_ 鍋にA、パスタ、具を入れて 蒸し煮にする

鍋にAを入れて混ぜ、パスタと具を加える。ふたを
して中火で熱し、ときどき混ぜながらパスタのパッケ
ージの表示時間どおりに蒸し煮にする。

特にオイルが入る場合はよく
混ぜる。

パスタがしっかり液体につか
るようにする。ふたをするの
を忘れずに。火をつけて、ゆ
で時間を計り始める。

沸騰後に2〜3回ほど中を見
て、パスタが鍋底にこびりつか
ないよう、ざっと混ぜる。火加
減はふつふつと静かに煮立っ
て、パスタが見えるくらいの状
態。火が強すぎるとパスタが
ゆで上がる前に水分がなくな
ってしまう。火が強いときは弱
めの中火にする。

Note
- 2でパスタがまだ硬いのに水分がなくなってしまいそうな場合には
  水を50㎖ほど足す。
- 同様にパスタがちょうどいい硬さになっているのに、鍋中の水分量
  が多い場合には、仕上げの材料を加える前に、お玉などで50㎖ほど
  取り除く。
- 2のプロセスでパスタも具も硬さを調整できるので、あまり難しく考
  える必要はない。

2_ ふたを取って煮つめる

ふたを取り、さらに1〜2分煮つめる。水分が深さ1㎝
ほどになり、パスタが好みの硬さになったら火を止める。

煮つめる時間はパスタの種類
によって異なるが、だいたい
2分前後。P13を参照のこと。
ただし時間よりも、パスタや具
のやわらかさをよくチェック
して。

最終的な水分量はこれくらい
でOK。器に盛ってからもパス
タは水分を吸うので、水けを
完全にはとばさない。特にク
リームソースとトマトソースの
場合は多めに残しておく。

3_ 仕上げる

仕上げの生クリームを加えて手早くあえ、器に盛る。

仕上げに加えるのは生クリー
ムのほかにチーズや火の通り
やすい野菜など。

ざっとあえればできあがり
(P3参照)。味見をして、好み
で塩、こしょうで調味する。

FAQ

よくある質問

よくある質問をまとめました。
疑問に思うことがあったときは、まずはここを読んでください。

4人分を作るときは、材料の分量、加熱時間などは
どうすればよいですか？

材料はすべて倍量にしますが、加熱時間は変わりありません。
同様に6人分のときはすべての材料を3倍量にします。
しかしあまりに多くの量を一度に作ろうとすると、失敗する可能性が高まります。

では1人分を作るときは？

材料は基本的に半量にしますが、水分量だけは⅔にしてください。
半量だと少なすぎて、パスタがおいしく仕上がらなかったり、鍋にこびりついてしまったりします。
小さい鍋で、ロングパスタは半分に折って作ることをおすすめします。加熱時間は変わりません。

パスタの量を変えても大丈夫ですか？

本書では1人あたり80gで計量していますが、たとえば少し多めにして2人で200gにした場合、
その他の材料はすべて1.2倍にしてください。逆に少し少なめにして、2人で120gにする場合は、
その他の材料はすべて0.8倍にしてください。加熱時間はともに変わりありません。

レシピとは違うパスタを使っても作れますか？

もちろん作れますが、ゆで時間や水分量が少し変わります。
右ページの表を参考にしてください。
パスタを水に浸しておく時間、ふたを取ってから煮つめる時間も変わりますのでご注意ください。

パスタを変えたときは具の切り方などは
そのままでも大丈夫ですか？

基本的には問題ありませんが、レシピで指定しているパスタよりも
ゆで時間が短いものを使うときはご注意を。肉や魚などのしっかり火を通さなければならないもの、
根菜などの火が通りづらいものは、切り方をレシピの指定よりも小さくするか、
パスタより先にこれらの具材を入れて長めに火を通すなどして、調整してください。

Liste des pâtes

パスタ別のゆで時間と水の量の目安

レシピとは異なるパスタで作ることもできます。この表を目安にして、ゆで時間や水分量を調整してください。
「水分量」とは材料〔A〕の中の水、生クリーム、ワイン、トマトジュース、ココナッツミルクなどの総量を指します。

		形状	水につける時間の目安	ゆで時間の目安	煮つめる時間の目安	水分量（トマト水煮缶を使う場合）
長いパスタ	カッペリーニ *Capellini*	直径 0.9mm	1〜2分	2分	30秒〜1分	400㎖ (300㎖)
	フェデリーニ *Fedelini*	直径 1.4mm	2〜3分	6分	1〜2分	450㎖ (300㎖)
	スパゲティーニ *Spaghettini*	直径 1.6mm	3〜4分	9分	1〜2分	500㎖ (400㎖)
	スパゲティ *Spaghetti*	直径 1.7mm 直径 1.8mm 直径 1.9mm 直径 2.2mm	3〜4分 3〜4分 3〜4分 4〜5分	10分 11分 12分 16分	1〜2分 2〜3分 2〜3分 3〜4分	500㎖ (400㎖) 500㎖ (400㎖) 500㎖ (400㎖) 600㎖ (500㎖)
	フェットチーネ *Fettuccine*	幅5〜6mmの平打ち麺	3〜4分	7分	1〜2分	500㎖ (400㎖)
	リングイネ *Linguine*	切り口が楕円形の麺	—	12分	2〜3分	500㎖ (400㎖)
短いパスタ	ペンネ *Penne*	「ペン先」の意味	3〜4分	11〜13分	2〜3分	500㎖ (400㎖)
	コンキリエ *Conchiglie*	貝殻の形	3〜4分	11〜13分	2〜3分	500㎖ (400㎖)
	フジッリ *Fusilli*	ねじったような形	3〜4分	11〜13分	2〜3分	500㎖ (400㎖)
	ファルファッレ *Farfalle*	蝶の形	3〜4分	11〜13分	2〜3分	500㎖ (400㎖)

＊ゆで時間は「ディチェコ」（日清製粉）に準ずる。　＊トマト水煮缶を使うもののみ、粘度があるので水分量を変えている。　＊レシピで指定したパスタとは水分量が異なるパスタで作る場合は、材料〔A〕の中の水、生クリーム、ワイン、トマトジュースを同じ比率で増減させる。たとえばレシピではカッペリーニ（水分量 400㎖）だったものをスパゲティーニ（水分量 500㎖）で作る場合、材料〔A〕の中の水、生クリーム、ワイン、トマトジュースをそれぞれ 1.25 倍にする。生クリームは元の量のままで、水などを増やして調整しても構わない（生クリームは 1 パック 200㎖ のものが多いため）。

La recette de base

その他の基本のソース

本書のレシピは基本的にはこれらのソースのバリエーションです。
慣れてきたら好みの食材と組み合わせてアレンジしてみてください。

シンプルな
トマトソース →P16
Sauce tomate

アーリオ・オーリオ・
ペペロンチーノ →P16
Ail, huile et piment

レモンの
バターソース →P17
Sauce au beurre

カルボナーラ →P17
Carbonara

シンプルなトマトソース
Sauce tomate

材料

スパゲティ (1.7mm)　160g ▶ ざっと洗い、水につけてふやかす

[具]
　玉ねぎ　½個 ▶ みじん切りにする
　にんにく　1かけ ▶ 包丁の柄で3〜4回たたいてつぶす

[A]
　オリーブオイル　大さじ1
　トマトケチャップ　大さじ1
　固形スープの素　½個
　トマト水煮缶 (ホール)　½缶 (200g) ▶ 果肉はざく切りにする
　水　400mℓ
　塩　小さじ⅓
　こしょう　少々

[仕上げ]
　パルミジャーノレッジャーノ　適量 ▶ すりおろす
　バジルの葉　適量 ▶ 粗く刻む

Note
・固形スープの素½個は顆粒のものの小さじ½で代用できる。
・トマト水煮缶はダイスカットならばそのまま使用できる。

作り方

1_ 鍋にAを入れて混ぜ、パスタと具を加える。ふたをして中火で熱し、ときどき混ぜながらパスタのパッケージの表示時間どおりに蒸し煮にする。

2_ ふたを取り、さらに1〜2分煮つめる。水分が深さ1cmほどになり、パスタが好みの硬さになったら火を止める。

3_ 器に盛り、仕上げのパルミジャーノレッジャーノとバジルをふる。

アーリオ・オーリオ・ペペロンチーノ
Ail, huile et piment

材料

スパゲティ (1.7mm)　160g ▶ ざっと洗い、水につけてふやかす

[具]
　にんにく　1かけ ▶ 包丁の柄で3〜4回たたいてつぶす
　赤唐辛子の小口切り　小さじ1

[A]
　オリーブオイル　大さじ1
　水　500mℓ
　塩　小さじ½
　こしょう　少々

[仕上げ]
　イタリアンパセリ　2茎 ▶ 葉を摘んで、みじん切りにする
　オリーブオイル　大さじ2

Note
・オリーブオイル、にんにく、赤唐辛子で作る伝統のパスタ。

作り方

1_ 鍋にAを入れて混ぜ、パスタと具を加える。ふたをして中火で熱し、ときどき混ぜながらパスタのパッケージの表示時間どおりに蒸し煮にする。

2_ ふたを取り、さらに1〜2分煮つめる。水分が深さ1cmほどになり、パスタが好みの硬さになったら火を止める。

3_ 仕上げのイタリアンパセリとオリーブオイルを加えて手早くあえ、器に盛る。

レモンのバターソース
Sauce au beurre

材料

スパゲティ(1.7㎜)　160g ▶ ざっと洗い、水につけてふやかす

[具] レモン(ポストハーベスト農薬不使用のもの)　½個
　　　▶ 薄い輪切りにする

[A] オリーブオイル　大さじ1
　　水　500㎖
　　塩　小さじ½
　　こしょう　少々

[仕上げ] レモンの皮(ポストハーベスト農薬不使用のもの)　½個分
　　　　▶ 黄色い部分のみを薄く削ぎ取ってせん切りにする
　　　バター　大さじ2 ▶ 室温においてやわらかくしておく

Note
・レモンは皮を調理に使う場合はポストハーベスト農薬を使っていない国産のものを使用するのが望ましい。

作り方

1_ 鍋にAを入れて混ぜ、パスタと具を加える。ふたをして中火で熱し、ときどき混ぜながらパスタのパッケージの表示時間どおりに蒸し煮にする。

2_ ふたを取り、さらに1〜2分煮つめる。水分が深さ1㎝ほどになり、パスタが好みの硬さになったら火を止める。

3_ 仕上げのレモンの皮とバターを加えて手早くあえ、器に盛る。

カルボナーラ
Carbonara

材料

スパゲティ(1.7㎜)　160g ▶ ざっと洗い、水につけてふやかす

[具] ベーコン(ブロック)　80g ▶ 1㎝角の棒切りにする

[A] オリーブオイル　大さじ1
　　水　500㎖
　　塩　小さじ½
　　こしょう　少々

[仕上げ] 卵液 ▶ 泡立て器で混ぜ合わせておく
　　　卵　2個
　　　パルミジャーノレッジャーノ　大さじ4 ▶ すりおろす
　　　水　大さじ2
　　　粗びき黒こしょう　適量

Note
・生クリームを使わず、全卵とパルミジャーノレッジャーノで作るローマ風のカルボナーラ。
・ベーコンのかたまりがないときは、ベーコン薄切り5枚を3〜4㎝幅に切って代用する。
・卵液は余熱でもすぐに固まってしまうので、パスタに手早くからめてすぐに盛りつける。

作り方

1_ 鍋にAを入れて混ぜ、パスタと具を加える。ふたをして中火で熱し、ときどき混ぜながらパスタのパッケージの表示時間どおりに蒸し煮にする。

2_ ふたを取り、さらに1〜2分煮つめる。水分が深さ1㎝ほどになり、パスタが好みの硬さになったら火を止める。

3_ 仕上げの卵液を加えて手早くあえ、器に盛る。

野菜が主役の
魔法のパスタ

花野菜のカルボナーラ
Brocolis et chou-fleur

材料

スパゲティ（1.7㎜）　160g ▶ ざっと洗い、水につけてふやかす

[具] ブロッコリー　⅓個(100g) ▶ 小房に分ける
　　 カリフラワー　⅓個(100g) ▶ 小房に分ける

[A] オリーブオイル　大さじ1
　　 水　500㎖
　　 塩　小さじ½
　　 こしょう　少々

[仕上げ] スモークサーモン　5〜6枚(80g) ▶ 長さを半分に切る
　　 卵液 ▶ 泡立て器で混ぜ合わせておく
　　　 卵　2個
　　　 パルミジャーノレッジャーノ　大さじ4 ▶ すりおろす
　　　 水　大さじ2
　　　 粗びき黒こしょう　適量

作り方

1_ 鍋に**A**を入れて混ぜ、パスタと具を加える。ふたをして中火で熱し、ときどき混ぜながらパスタのパッケージの表示時間どおりに蒸し煮にする。

2_ ふたを取り、さらに1〜2分煮つめる。水分が深さ1㎝ほどになり、パスタが好みの硬さになったら火を止める。

3_ 仕上げのスモークサーモンと卵液を加えて手早くあえ、器に盛る。

Note
- 濃厚なソースがしっかりとした食感の野菜にからまって、満足感ある仕上がりに。
- ブロッコリーとカリフラワーの主な食用の部分はつぼみ。
- スモークサーモンの塩けがアクセント。好みで塩分の調整を。

〈この章について〉

▶ 色とりどりの野菜がたっぷり入ったヘルシーなパスタが1つの鍋でぱぱっと作れます。

▶ 野菜の切り方によって火の入りやすさを調整し、パスタと同時にゆで上がるようにしています。

▶ 慣れてきたら好みの野菜でアレンジしてみてください。

菜の花とたけのこの木の芽オイルソース
Fleurs du viol et pousses de bambou

材料

フェデリーニ (1.4㎜)　160g ▶ ざっと洗い、水につけてふやかす

[具] 菜の花　⅓束(100g) ▶ 長さを半分に切る

たけのこ (水煮)　½本(100g) ▶ 8㎜厚さのくし形切りにする

鯛 (切り身)　2切れ ▶ 2㎝厚さのそぎ切りにする

セミドライトマト (別枠参照)　5〜6個

にんにく　1かけ ▶ 包丁の柄で3〜4回たたいてつぶす

[A] オリーブオイル　大さじ1

白ワイン　50㎖

水　400㎖

塩　小さじ½

こしょう　少々

[仕上げ] 木の芽　20枚 ▶ 粗く刻む

オリーブオイル　大さじ2

作り方

1_ 鍋にAを入れて混ぜ、パスタと具を加える。ふたをして中火で熱し、ときどき混ぜながらパスタのパッケージの表示時間どおりに蒸し煮にする。

2_ ふたを取り、さらに1〜2分煮つめる。水分が深さ1㎝ほどになり、パスタが好みの硬さになったら火を止める。

3_ 仕上げの木の芽とオリーブオイルを加えて手早くあえ、器に盛る。

Note

・春の香りをまとったさわやかなパスタ。

・木の芽がないときは粗く刻んだイタリアンパセリの葉1〜2茎分で代用を。

・セミドライトマトの代わりにドライトマト5〜6個、または生のミニトマト5〜6個を半分に切ったものでも。

セミドライトマト

材料と作り方

1_ ミニトマト1パックはへたを取り、竹串で5〜6か所に穴をあける。

2_ ペーパータオルを敷いた耐熱容器に並べ、塩・こしょう各少々、ドライハーブミックス適量をふる。

3_ ラップをせずに電子レンジで3分ほど加熱する [a]。

4_ 室温か屋外に1日おいて自然乾燥させる。

密閉容器かジッパーつき保存袋に入れて、冷蔵室で1週間ほど保存可能。それ以上は冷凍保存を(最長1か月ほど)。

ベーコンと長ねぎのクルトン

材料 ── 作りやすい分量

細めのバゲット　½本 ▶ 5㎜厚さの薄切りにする

[A] バター　大さじ4

▶ 室温においてやわらかくしておく

ベーコン　2枚 ▶ みじん切りにする

長ねぎ　½本 ▶ みじん切りにする

作り方

1_ バゲットに混ぜ合わせたAを等分にのせ、薄めに広げて塗る。オーブントースターで薄く色づくまで4〜5分焼く。

キャベツとツナのアンチョビバター
Choux au thon

材料

スパゲティ（1.8㎜）　160g ▶ ざっと洗い、水につけてふやかす

[具] キャベツ　4枚 ▶ 4〜5㎝角のざく切りにする
　　 ツナ水煮缶（大）　1缶（180g）▶ 缶汁を軽くきる
　　 アンチョビ（フィレ）　3枚 ▶ みじん切りにする
　　 にんにく　1かけ ▶ 包丁の柄で3〜4回たたいてつぶす

[A] オリーブオイル　大さじ1
　　 水　500㎖
　　 塩　小さじ⅓
　　 こしょう　少々

[仕上げ] バター　大さじ2 ▶ 室温においてやわらかくしておく
　　　　 クレソン　1束 ▶ 葉先を摘む

Note
・アンチョビのうま味で、シンプルながらも飽きのこないおいしさ。
・バターは風味を残すために、火を止めてから仕上げに加えてさっと
　あえるのがポイント。

作り方

1_ 鍋にAを入れて混ぜ、パスタと具を加える。ふた
をして中火で熱し、ときどき混ぜながらパスタのパッ
ケージの表示時間どおりに蒸し煮にする。

2_ ふたを取り、さらに2〜3分煮つめる。水分が深さ
1㎝ほどになり、パスタが好みの硬さになったら火を止
める。

3_ 仕上げのバターとクレソンを加えて手早くあえ、器
に盛る。

じゃがいもとさやいんげんのジェノベーゼ
Pomme de terre et haricots

材料

リングイネ　160g ▶ ざっと洗い、水につけてふやかす

[具] じゃがいも　2個 ▶ 1cm厚さの輪切りにする
　　さやいんげん　10本 ▶ へたを取り、長さを3等分に切る
　　にんにく　1かけ ▶ 包丁の柄で3〜4回たたいてつぶす

[A] オリーブオイル　大さじ1
　　水　500mℓ
　　塩　小さじ½
　　こしょう　少々

[仕上げ] バジルの葉　5〜6枚 ▶ みじん切りにする
　　イタリアンパセリ　2茎 ▶ 葉を摘んでみじん切りにする
　　ミックスナッツ（おつまみ用）　20g ▶ みじん切りにする
　　パルミジャーノレッジャーノ　大さじ2 ▶ すりおろす
　　オリーブオイル　大さじ2

Note
・ほくほくのじゃがいもに、ハーブの風味がさわやかにからむ。
・ジェノベーゼソースがなくても、オリーブオイルにバジル、パセリ、ナッツ、パルミジャーノレッジャーノを混ぜたものをからめればOK。

作り方

1_ 鍋にAを入れて混ぜ、パスタと具を加える。ふたをして中火で熱し、ときどき混ぜながらパスタのパッケージの表示時間どおりに蒸し煮にする。

2_ ふたを取り、さらに2〜3分煮つめる。水分が深さ1cmほどになり、パスタが好みの硬さになったら火を止める。

3_ 仕上げの材料すべてを加えて手早くあえ、器に盛る。

 # アボカドとかにのトマトクリームソース
Avocat au crabe

材料

スパゲティーニ（1.6㎜） 160g ▶ ざっと洗い、水につけてふやかす

[具] アボカド 1個 ▶ 2㎝角に切る[a]

[A] オリーブオイル 大さじ1
生クリーム 100㎖
トマトジュース（無塩） 200㎖
水 200㎖
塩 小さじ½
こしょう 少々

[仕上げ] かに缶 160g ▶ 軟骨を取り除き、缶汁を軽くきる
生クリーム 100㎖

作り方

1_ 鍋にAを入れて混ぜ、パスタと具を加える。ふたをして中火で熱し、ときどき混ぜながらパスタのパッケージの表示時間どおりに蒸し煮にする。

2_ ふたを取り、さらに1〜2分煮つめる。水分が深さ1㎝ほどになり、パスタが好みの硬さになったら火を止める。

3_ 仕上げのかに缶の½量と生クリームを加え、手早くあえる。器に盛り、残りのかに缶をのせる。

Note
・まろやかなアボカドに、かにが高級感をプラス。
・トマトクリームソースはそれだけで存在感のあるソース。さまざまな野菜に合う。

種に沿って縦に包丁を入れ、左右にねじって2つに割り、包丁を刺して種を取る。皮は手でむける。

アボカドとしめじのカルボナーラ
Avocat et shimeji

材料

ペンネ　160g ▶ ざっと洗い、水につけてふやかす

[具]　アボカド　1個 ▶ 1cm厚さに切る

　　　しめじ　1パック ▶ 小房に分ける

[A]　オリーブオイル　大さじ1

　　　水　500mℓ

　　　塩　小さじ½

　　　こしょう　少々

[仕上げ]　卵液 ▶ 泡立て器で混ぜ合わせておく

　　　卵　2個

　　　パルミジャーノレッジャーノ　大さじ4 ▶ すりおろす

　　　水　大さじ2

　　　粗びき黒こしょう　適量

作り方

1_ 鍋にAを入れて混ぜ、パスタと具を加える。ふたをして中火で熱し、ときどき混ぜながらパスタのパッケージの表示時間どおりに蒸し煮にする。

2_ ふたを取り、さらに2〜3分煮つめる。水分が深さ1cmほどになり、パスタが好みの硬さになったら火を止める。

3_ 仕上げの卵液を加えて手早くあえ、器に盛る。

Note

・しめじ以外のきのこでもよく合う。

・仕上げにパルミジャーノレッジャーノと粗びき黒こしょうを散らしても。

薄切り野菜のカルボナーラ
Carottes et courgettes

材料

フェットチーネ　160g ▶ ざっと洗い、水につけてふやかす

[A] オリーブオイル　大さじ1
水　500ml
塩　小さじ½
こしょう　少々

[仕上げ] ズッキーニ　½本 ▶ ピーラーで1cm幅の薄切りにする [a]
にんじん　½本 ▶ ピーラーで1cm幅の薄切りにする
卵液 ▶ 泡立て器で混ぜ合わせておく
卵　2個
パルミジャーノレッジャーノ　大さじ4 ▶ すりおろす
白ワイン（または水）　大さじ1
粗びき黒こしょう　適量

にんじんも同様に切る。限界まで薄くすることで火がすぐ通る。

作り方

1_ 鍋にAを入れて混ぜ、パスタを加える。ふたをして中火で熱し、ときどき混ぜながらパスタのパッケージの表示時間どおりに蒸し煮にする。

2_ ふたを取り、さらに1〜2分煮つめる。水分が深さ1cmほどになり、パスタが好みの硬さになったら火を止める。

3_ 仕上げの材料すべてを加えて手早くあえ、器に盛る。

Note
・野菜の甘みが引き立つカルボナーラ。
・平麺に合わせて野菜を薄切りにするとソースのからみがよい。仕上げに加えて食感を残す。

Plat d'accompagnement　　　　　　　　　よく合うサイドメニュー

お刺身カルパッチョ トマトソース

材料 —— 作りやすい分量

刺身用白身魚（鯛、ひらめなどの薄切り）　150g
オリーブオイル　大さじ1
ディルのみじん切り　適量
[A] フルーツトマト　小1個(80g)
　　▶ へたを取って皮ごとすりおろす
ディジョンマスタード　小さじ1
塩　小さじ⅓
こしょう　少々

作り方

1_ 器に刺身を並べ、混ぜ合わせたAとオリーブオイルをかけ、ディルを散らす。

なすとベーコンのプロヴァンス風
Aubergines et bacon

材料

スパゲティ (1.8㎜)　160g ▶ ざっと洗い、水につけてふやかす

[具] なす　3個 ▶ 1個ずつラップにくるんで電子レンジで2分加熱し、粗熱をとって1.5㎝厚さの輪切りにする [a]

　　ベーコン　4枚 ▶ 3㎝幅に切る

　　玉ねぎ　½個 ▶ みじん切りにする

　　にんにく　1かけ ▶ 包丁の柄で3〜4回たたいてつぶす

[A] 固形スープの素　½個

　　オリーブオイル　大さじ1

　　トマトケチャップ　大さじ1

　　トマト水煮缶 (ホール)　½缶 (200g) ▶ 果肉はざく切りにする

　　水　400㎖

　　塩　小さじ½

　　こしょう　少々

[仕上げ] モッツァレラ　1個 (80g)

　　▶ 1㎝角に切る

　　バジルの葉　適量

作り方

1_ 鍋にAを入れて混ぜ、パスタと具を加える。ふたをして中火で熱し、ときどき混ぜながらパスタのパッケージの表示時間どおりに蒸し煮にする。

2_ ふたを取り、さらに2〜3分煮つめる。水分が深さ1㎝ほどになり、パスタが好みの硬さになったら火を止める。

3_ 仕上げのモッツァレラを加え、手早くあえる。器に盛り、バジルを添える。

Note
・トマトベースにたっぷりの野菜を加え、にんにくをしっかりと効かせたプロヴァンス風。
・チーズは仕上げに加えると、余熱でとろっと溶けて美味。

[a] なすはへたをつけたまま電子レンジで加熱すると破裂してしまうので、必ず切り落とす。

れんこんとしいたけのカレーバターソース
Racines lotus et shiitake

材料

フェデリーニ（1.4mm）　160g ▶ ざっと洗い、水につけてふやかす

[具] れんこん　½節 ▶ 縦半分に切り、
5mm厚さの半月切りにして、水に2〜3分さらす

しいたけ　6個 ▶ 1cm幅に切る

[A] オリーブオイル　大さじ1
カレー粉　小さじ1
水　450ml
塩　小さじ½
こしょう　少々

[仕上げ] ピーマン　2個 ▶ せん切りにする
バター　大さじ2 ▶ 室温においてやわらかくしておく

作り方

1_ 鍋に**A**を入れて混ぜ、パスタと具を加える。ふたをして中火で熱し、ときどき混ぜながらパスタのパッケージの表示時間どおりに蒸し煮にする。

2_ ふたを取り、さらに1〜2分煮つめる。水分が深さ1cmほどになり、パスタが好みの硬さになったら火を止める。

3_ 仕上げのピーマンとバターを加えて手早くあえ、器に盛る。

Note

・カレーとバターの香りが食欲をそそる。大人も子どももおいしく食べられる味。

・野菜は切り方をそろえずに、あえて異なる食感を楽しんで。

ホワイトアスパラガスの ゴルゴンゾーラクリーム

Asperges blanches

材料

スパゲティ（1.8㎜） 160g
▶ざっと洗い、水につけてふやかす

具 ｜ ホワイトアスパラガス缶 1缶（250g）
▶缶汁をきり、長さを半分に切る

A ｜ オリーブオイル 大さじ1
生クリーム 100㎖
水 400㎖
塩 小さじ½
こしょう 少々

仕上げ ｜ ゴルゴンゾーラ 80g ▶皮を切り落とし、細かく刻む
くるみ（ローストしたもの） 20g ▶粗く刻む

作り方

1_ 鍋にAを入れて混ぜ、パスタと具を加える。ふたをして中火で熱し、ときどき混ぜながらパスタのパッケージの表示時間どおりに蒸し煮にする。

2_ ふたを取り、さらに2〜3分煮つめる。水分が深さ1㎝ほどになり、パスタが好みの硬さになったら火を止める。

3_ 仕上げのゴルゴンゾーラとくるみを加えて手早くあえ、器に盛る。

Note
・溶けたゴルゴンゾーラが濃厚なソースとなる。香ばしいくるみがアクセント。
・くるみはおつまみ用のものでOK。ほかのナッツ類で代用も可。

グリーンアスパラガスと
エリンギのチーズバター
Asperges vertes

材料

フジッリ　160g ▶ ざっと洗い、水につけてふやかす

［具］グリーンアスパラガス　5本
　　　▶ 長さ5㎝×幅1㎝の斜め切りにする

　　　エリンギ　2個
　　　▶ 長さを半分に切って、縦半分に切り、1㎝幅に切る

［A］オリーブオイル　大さじ1
　　水　500㎖
　　塩　小さじ½
　　こしょう　少々

［仕上げ］バター　大さじ2 ▶ 室温においてやわらかくしておく
　　　パルミジャーノレッジャーノ　大さじ2 ▶ すりおろす
　　　粗びき白こしょう　適量

作り方

1_ 鍋にAを入れて混ぜ、パスタと具を加える。ふた
をして中火で熱し、ときどき混ぜながらパスタのパッ
ケージの表示時間どおりに蒸し煮にする。

2_ ふたを取り、さらに2〜3分煮つめる。水分が深さ
1㎝ほどになり、パスタが好みの硬さになったら火を止
める。

3_ 仕上げのバターとパルミジャーノレッジャーノを加
え、手早くあえる。器に盛り、粗びき白こしょうをふる。

Note
・パスタと具をだいたい同じ大きさにそろえておくことがおいしい食
　感のポイント。
・白こしょうがなければ黒こしょうで代用を。白こしょうのほうが風
　味はマイルド。

 # かぼちゃのパセリバター
Citrouille

材料

コンキリエ　160g ▶ ざっと洗い、水につけてふやかす

[具] かぼちゃ　⅙個(300g) ▶ 2cm角に切る

にんにく　1かけ ▶ 包丁の柄で3〜4回たたいてつぶす

[A] オリーブオイル　大さじ1

水　500㎖

塩　小さじ½

こしょう　少々

[仕上げ] バター　大さじ2 ▶ 室温においてやわらかくしておく

イタリアンパセリ　3茎 ▶ 葉を摘んでみじん切りにする

作り方

1_ 鍋にAを入れて混ぜ、パスタと具を加える。ふたをして中火で熱し、ときどき混ぜながらパスタのパッケージの表示時間どおりに蒸し煮にする。

2_ ふたを取り、さらに2〜3分煮つめる。水分が深さ1cmほどになり、パスタが好みの硬さになったら火を止める。

3_ 仕上げのバターとイタリアンパセリを加えて手早くあえ、器に盛る。

Note

・かぼちゃとバターでこってりと濃厚な味わいに仕上げる。材料はシンプルでも満足感のあるパスタ。

オクラとミニトマトのココナッツクリーム
Gombos et tomates

材料

カッペリーニ　160g ▶ ざっと洗い、水につけてふやかす

[具] オクラ　10本 ▶ 塩をもみこんで水で洗い、斜め半分に切る

ミニトマト　10個 ▶ へたを取る

しょうが　1かけ ▶ みじん切りにする

にんにく　1かけ ▶ 包丁の柄で3～4回たたいてつぶす

[A] 固形スープの素　½個

カレー粉　小さじ1

砂糖　小さじ½

オリーブオイル　大さじ1

ナンプラー　大さじ1

ココナッツミルク　200mℓ [a]

水　200mℓ

塩・こしょう　各少々

[仕上げ] 生クリーム　100mℓ

香菜　1茎 ▶ ざく切りにする

東南アジアでカレーやスープ、デザートに用いられるもの。缶で売られていることが多い。

[a]

作り方

1_ 鍋にAを入れて混ぜ、パスタと具を加える。ふたをして中火で熱し、ときどき混ぜながらパスタのパッケージの表示時間どおりに蒸し煮にする。

2_ ふたを取り、さらに30秒～1分煮つめる。水分が深さ1cmほどになり、パスタが好みの硬さになったら火を止める。

3_ 仕上げの生クリームと香菜を加えて手早くあえ、器に盛る。

Note

・タイカレーのような風味で、暑い夏の日にもおすすめのパスタ。細麺なのであっという間に完成。

・ココナッツミルクの風味を残すため、仕上げに煮つめる時間は短めに。

パプリカのアラビアータ
Paprika

材料

スパゲティ(1.8㎜)　160g ▶ ざっと洗い、水につけてふやかす

[具] パプリカ(赤・黄)　各1個 ▶ 5㎜幅の細切りにする

玉ねぎ　½個 ▶ みじん切りにする

にんにく　1かけ ▶ 包丁の柄で3〜4回たたいてつぶす

赤唐辛子の小口切り　小さじ1

[A] 固形スープの素　½個

オリーブオイル　大さじ1

トマトケチャップ　大さじ1

トマト水煮缶(ホール)　½缶(200g) ▶ 果肉はざく切りにする

水　400㎖

塩　小さじ½

こしょう　少々

[仕上げ] ルッコラ　適量 ▶ ざく切りにする

パルミジャーノレッジャーノ　適量 ▶ すりおろす

作り方

1 鍋にAを入れて混ぜ、パスタと具を加える。ふたをして中火で熱し、ときどき混ぜながらパスタのパッケージの表示時間どおりに蒸し煮にする。

2 ふたを取り、さらに2〜3分煮つめる。水分が深さ1㎝ほどになり、パスタが好みの硬さになったら火を止める。

3 器に盛り、仕上げのルッコラをのせ、パルミジャーノレッジャーノをふる。

Note
・いろいろな野菜に合わせて楽しめるアラビアータ。パプリカの代わりに薄切りのなすでも美味。
・辛さは抑えめのレシピ。赤唐辛子の量で調整を。

Plat d'accompagnement よく合うサイドメニュー

スタッフドエッグ

材料 —— 作りやすい分量

ゆで卵　2個

▶ 縦半分に切り、黄身と白身に分けておく

[A] マヨネーズ　大さじ1½

カレー粉　小さじ¼

塩・こしょう　各少々

[B] アンチョビ(フィレ)　1切れ

▶ 縦に半分、長さを半分に切る

黒オリーブ(種なし)　1個 ▶ 輪切りにする

イタリアンパセリ　適量

カレー粉　適量

作り方

1 ボウルにゆで卵の黄身を入れ、フォークで細かくつぶし、Aを加えて混ぜ合わせる。

2 ゆで卵の白身に1を詰め、Bをのせる。

材料

スパゲティ(2.2mm) 160g ▶ ざっと洗い、水につけてふやかす

具
れんこん ½節
　▶ 5mm幅のいちょう切りにし、水に2〜3分さらす
ごぼう ⅓本 ▶ 5mm厚さの輪切りにし、水に4〜5分さらす
にんじん ¼本 ▶ 5mm厚さのいちょう切りにする
長ねぎ 1本 ▶ 5mm厚さの小口切りにする
にんにく 1かけ ▶ 包丁の柄で3〜4回たたいてつぶす

A
固形スープの素 ½個
オリーブオイル 大さじ1
トマトケチャップ 大さじ1
トマト水煮缶(ホール) ½缶(200g) ▶ 果肉はざく切りにする
水 500ml
塩 小さじ½
こしょう 少々

仕上げ
パルミジャーノレッジャーノ 適量 ▶ すりおろす

作り方

1_ 鍋に A を入れて混ぜ、パスタと具を加える。ふたをして中火で熱し、ときどき混ぜながらパスタのパッケージの表示時間どおりに蒸し煮にする。

2_ ふたを取り、さらに3〜4分煮つめる。水分が深さ1cmほどになり、パスタが好みの硬さになったら火を止める。

3_ 器に盛り、仕上げのパルミジャーノ・レッジャーノをふる。

Note
・煮込んだ根菜とソースを含んだ太麺で、ボリューム満点。
・1皿でたっぷりの野菜がとれるのがうれしいパスタ。

根菜のラタトゥイユ風
Légumes racines

材料

ファルファッレ　160g

▶ ざっと洗い、水につけてふやかす

[具]　長いも　10㎝

　　▶ 皮はむかずに1㎝厚さの半月切りにする

　　まいたけ　1パック ▶ 小房に分ける

　　にんにく　2かけ ▶ 包丁の柄で3〜4回たたいてつぶす

[A]　オリーブオイル　大さじ1

　　水　500㎖

　　塩　小さじ½

　　こしょう　少々

[仕上げ]　春菊　2〜3茎 ▶ 葉先を摘む

　　オリーブオイル　大さじ2

作り方

1_ 鍋にAを入れて混ぜ、パスタと具を加える。ふたをして中火で熱し、ときどき混ぜながらパスタのパッケージの表示時間どおりに蒸し煮にする。

2_ ふたを取り、さらに2〜3分煮つめる。水分が深さ1㎝ほどになり、パスタが好みの硬さになったら火を止める。

3_ 仕上げの春菊とオリーブオイルを加えて手早くあえ、器に盛る。

Note
・オリーブオイルとにんにくで煮込む、スペインのアヒージョ風。
・和のハーブである春菊を使って、香りのアクセントに。

長いもとまいたけの アヒージョ風
Igname de Chine et maitake

肉が主役の
魔法のパスタ

生ハムと紫キャベツの赤ワインクリームソース
Jambon cru et chou rouge

材料

スパゲティ（1.9mm）　160g ▶ ざっと洗い、水につけてふやかす

［具］
紫キャベツ　¼個（200g）▶ せん切りにする
紫玉ねぎ　½個 ▶ 薄切りにする
にんにく　1かけ ▶ 包丁の柄で3〜4回たたいてつぶす

［A］
オリーブオイル　大さじ1
トマトケチャップ　大さじ1
生クリーム　100ml
赤ワイン　200ml
水　200ml
塩　小さじ½
こしょう　少々

［仕上げ］
生ハム　10枚（100g）▶ 1cm幅に切る
生クリーム　100ml
パルミジャーノレッジャーノ　適量 ▶ 薄く削る

作り方

1_ 鍋にAを入れて混ぜ、パスタと具を加える。ふたをして中火で熱し、ときどき混ぜながらパスタのパッケージの表示時間どおりに蒸し煮にする。

2_ ふたを取り、さらに2〜3分煮つめる。水分が深さ1cmほどになり、パスタが好みの硬さになったら火を止める。

3_ 仕上げの生ハムと生クリームを加え、手早くあえる。器に盛り、パルミジャーノレッジャーノを散らす。

Note

・パスタが紫色に染まってとても美しい一品。
・トマトケチャップの酸味がほんのり効いて、クリーム系なのにさわやかな後味。
・紫玉ねぎは普通の玉ねぎで代用可。

〈この章について〉

▶ 肉を使ったボリューム感ある魔法のパスタです。

▶ 肉の切り方はパスタのゆで時間でしっかり火が通るようにしていますが、
　生煮えだった場合は、パスタだけ先に取り出すなどし、肉にはしっかりと火を通してください。

塩豚と白いんげんのナヴァラン風
Navarin

材料

スパゲティ (2.2㎜)　160g ▶ ざっと洗い、水につけてふやかす

[具]｜塩豚 ▶ ビニール袋に材料すべてを入れ、

豚肉全体にまんべんなくすりこみ、冷蔵室に1晩以上おく [a]

　豚バラかたまり肉　200g ▶ 2㎝角に切る

　塩　小さじ1

　砂糖　小さじ¼

　ドライミックスハーブ　小さじ¼

　こしょう　少々

白いんげん豆 (水煮)　200g ▶ 汁けをきる [b]

玉ねぎ　½個 ▶ みじん切りにする

にんにく　1かけ ▶ 包丁の柄で3〜4回たたいてつぶす

ローリエ　1枚

[A]｜固形スープの素　½個

　オリーブオイル　大さじ1

　トマトケチャップ　大さじ1

　トマト水煮缶 (ホール)　½缶 (200g) ▶ 果肉はざく切りにする

　白ワイン　100mℓ

　水　400mℓ

作り方

1_　鍋に A を入れて混ぜ、パスタと 具 を加える。ふたをして中火で熱し、ときどき混ぜながらパスタのパッケージの表示時間どおりに蒸し煮にする。

2_　ふたを取り、さらに3〜4分煮つめる。水分が深さ1㎝ほどになり、パスタが好みの硬さになったら火を止め、器に盛る。

Note

・ナヴァランは、仔羊をトマトなどと煮込んだフランスの家庭料理。ここでは塩豚でこくを出して代用。

・塩豚は2〜3日冷蔵室においておくと、味がよくなじむ。

・ゆで時間が16分より短いパスタを使うときは、塩豚をもう少し小さく切るか、ゆで時間を長くする。パスタがやわらかくなりすぎないよう注意。

通常はブロック肉に塩をすりこむが、ここでは切ってからすりこんで、時間を短縮している。

白いんげん豆の水煮はパックのほか、缶でも売られている。汁けをよくきってから使うこと。

Plat d'accompagnement　　　　　　　　　　　　　　　よく合うサイドメニュー

マッシュルームのファルシ

材料 ── 作りやすい分量

マッシュルーム　10個 ▶ 軸は根元からはずして

みじん切りにし、Aに加える

[A]｜イタリアンパセリ　1茎 ▶ みじん切りにする

　パルミジャーノレッジャーノ　大さじ2

　　▶ すりおろす

　バター　大さじ1

　　▶ 室温においてやわらかくしておく

　オリーブオイル　大さじ1

　塩・こしょう　各少々

作り方

1_　耐熱容器にマッシュルームのひだを上にして並べ、混ぜ合わせた A をこんもりと詰める。

2_　オーブントースターに入れ、焼き色がつくまで13〜15分焼く。

豚バラと白菜のゆずこしょうオイルソース

Porc au chou chinois

材料

スパゲティ(1.7㎜)　160g ▶ ざっと洗い、水につけてふやかす

[具] 豚バラ薄切り肉　200g ▶ 5cm幅に切る
白菜　2枚 ▶ 縦半分に切り、1cm幅に切る
しょうが　1かけ ▶ せん切りにする

[A] オリーブオイル　大さじ1
水　500㎖
塩　小さじ½
こしょう　少々

[仕上げ] ゆずこしょう　大さじ½
オリーブオイル　大さじ2
青ねぎ　1本 ▶ 斜め薄切りにする

Note
・豚バラ肉と白菜という、和風の定番煮込みの材料でパスタを。しょうがが隠し味。
・仕上げのゆずこしょうはたっぷりと加えたほうが香りと風味が立つ。

作り方

1_ 鍋にAを入れて混ぜ、パスタと具を加える。ふたをして中火で熱し、ときどき混ぜながらパスタのパッケージの表示時間どおりに蒸し煮にする。

2_ ふたを取り、さらに1〜2分煮つめる。水分が深さ1cmほどになり、パスタが好みの硬さになったら火を止める。

3_ 仕上げのゆずこしょうとオリーブオイルを加え、手早くあえる。器に盛り、青ねぎを散らす。

ソーセージと新じゃがいものカルボナーラ

Saucisses et pommes de terre de primeur

材料

ファルファッレ　160g ▶ ざっと洗い、水につけてふやかす

[具] ソーセージ　8本 ▶ 斜め半分に切る

新じゃがいも　6個 ▶ 皮つきのままよく洗い、半分に切る

新玉ねぎ　½個 ▶ 2cm厚さのくし形切りにする

[A] オリーブオイル　大さじ1

水　500㎖

塩　小さじ½

こしょう　少々

[仕上げ] 卵液 ▶ 泡立て器で混ぜ合わせておく

卵　2個

パルミジャーノレッジャーノ　大さじ4 ▶ すりおろす

水　大さじ2

粗びき黒こしょう　適量

貝割れ菜　適量

作り方

1＿ 鍋にAを入れて混ぜ、パスタと具を加える。ふたをして中火で熱し、ときどき混ぜながらパスタのパッケージの表示時間どおりに蒸し煮にする。

2＿ ふたを取り、さらに2～3分煮つめる。水分が深さ1cmほどになり、パスタが好みの硬さになったら火を止める。

3＿ 仕上げの卵液を加え、手早くあえる。器に盛り、貝割れ菜を散らす。

Note
・春先に新じゃがいもが店頭に並んだら、真っ先に作りたいパスタ。皮つきのおいしさを堪能して。
・皮をむいた普通のじゃがいもを1cm厚さの輪切りにして代用しても。

ラムとなすのモロッコ風
Pâtes Marocain

材料

スパゲティーニ　160g ▶ ざっと洗い、水につけてふやかす

[具]
ラム肉（焼き肉用厚切り）　200g ▶ ひと口大に切る

なす　3個 ▶ 1個ずつラップにくるんで電子レンジで2分加熱し、
粗熱をとってひと口大の乱切りにする（P28参照）

パプリカ（黄）　1個 ▶ ひと口大の乱切りにする

玉ねぎ　1/4個 ▶ みじん切りにする

ひよこ豆（水煮）　150g ▶ 汁けをきる

しょうが　1かけ ▶ みじん切りにする

にんにく　1かけ ▶ 包丁の柄で3〜4回たたいてつぶす

ローリエ　1枚

[A]
固形スープの素　1/2個

オリーブオイル　大さじ1

カレー粉　大さじ1 1/2

トマトケチャップ　大さじ1

トマト水煮缶（ホール）　1/2缶（200g）▶ 果肉はざく切りにする

白ワイン　100ml

水　300ml

塩　小さじ1/2

こしょう　少々

[仕上げ]
オクラ　4本 ▶ 塩をもみこんで水で洗い、
2mm厚さの小口切りにする

フライドオニオン（別枠参照）　適量

Note
・いくつもの調味料と香味野菜を組み合わせた、奥深い味。
・ラム肉がないときは、牛肉でも。
・なすはへたをつけたまま電子レンジで加熱すると破裂してしまうの
で、必ず切り落とす。

作り方

1_ 鍋にAを入れて混ぜ、パスタと具を加える。ふた
をして中火で熱し、ときどき混ぜながらパスタのパッ
ケージの表示時間どおりに蒸し煮にする。

2_ ふたを取り、さらに1〜2分煮つめる。水分が深さ
1cmほどになり、パスタが好みの硬さになったら火を止
める。

3_ 仕上げのオクラを加え、手早くあえる。器に盛り、
フライドオニオンを散らす。

フライドオニオン

材料と作り方

1_ 玉ねぎ1/4個は薄切りにし、小麦粉適量を薄くま
ぶす。

2_ フライパンに揚げ油を1
cmほど入れ、弱めの中火で熱
し、玉ねぎを揚げる[a]。薄く
色づいたら取り出し、ペーパ
ータオルにのせて油をきる。

余熱で火が入るので少し
早めに上げてよい。

きゅうりとミントのヨーグルトサラダ

材料 —— 作りやすい分量

きゅうり　1本 ▶ ピーラーでしま目に皮をむき、1cm長さに切る

ミントの葉　10〜12枚
▶ 飾り用に4〜5枚とりおき、残りはせん切りにする

[A]
プレーンヨーグルト（無糖）　100ml

にんにく　1/2かけ ▶ すりおろす

オリーブオイル　小さじ1

レモン汁　小さじ1/2

塩　小さじ1/2

こしょう　少々

作り方

1_ ボウルにAを入れて混ぜ
合わせ、きゅうりとせん切りに
したミントの葉を加えてあえ
る。

2_ 器に盛り、残りのミントの
葉を飾る。

 # ベーコンとミニトマトのアーリオ・オーリオ
Bacon et tomates cerises

材料

フェデリーニ(1.4㎜)　160g ▶ ざっと洗い、水につけてふやかす

[具]
ベーコン(薄切り)　5枚 ▶ 3cm幅に切る
ミニトマト　20個 ▶ へたを取る
アンチョビ(フィレ)　3枚 ▶ みじん切りにする
にんにく　1かけ ▶ 包丁の柄で3～4回たたいてつぶす
赤唐辛子の小口切り　小さじ1

[A]
オリーブオイル　大さじ1
水　450㎖
塩　小さじ½
こしょう　少々

[仕上げ]
バジルの葉　4～5枚 ▶ 粗く刻む
オリーブオイル　大さじ2
にんにくチップ(別枠参照)　適量

Note

・じっくり火を通して甘みが増した、ミニトマトのフレッシュな味わい。
・仕上げに散らすにんにくチップが食欲をそそる。多めに作って保存し、ほかのパスタや料理に活用しても。

作り方

1_ 鍋にAを入れて混ぜ、パスタと具を加える。ふたをして中火で熱し、ときどき混ぜながらパスタのパッケージの表示時間どおりに蒸し煮にする。

2_ ふたを取り、さらに1～2分煮つめる。水分が深さ1cmほどになり、パスタが好みの硬さになったら火を止める。

3_ 仕上げのバジルとオリーブオイルを加え、手早くあえる。器に盛り、にんにくチップを散らす。

にんにくチップ

材料と作り方

1_ にんにく2～3個は薄い輪切りにする。

2_ フライパンを斜めにして端ににんにくを入れ、かぶるくらいのオリーブオイル適量を加える。弱めの中火で熱し、にんにくをときどき裏返しながら薄く色づくまで加熱する[a]。ペーパータオルの上にのせ、油をきる。

少ない油で効率よく揚げる。

鶏肉とかぶのアーリオ・オーリオ
Poulet aux navets

材料

フジッリ　160g　▶ ざっと洗い、水につけてふやかす

[具]
鶏もも肉　1枚(250g)
　▶ 縦半分に切り、1cm幅のそぎ切りにする

かぶ　2個　▶ 皮つきのまま6〜8等分のくし形切りにする

にんにく　1かけ　▶ 包丁の柄で3〜4回たたいてつぶす

にんにくチップ(P46参照)　1個分　▶ みじん切りにする

赤唐辛子　1本　▶ 小口切りにする

[A]
オリーブオイル　大さじ1

白ワイン　50ml

水　450ml

塩　小さじ½

こしょう　少々

[仕上げ]
かぶの葉　2個分　▶ 5mm長さに切る

オリーブオイル　大さじ2

作り方

1_ 鍋に A を入れて混ぜ、パスタと具を加える。ふたをして中火で熱し、ときどき混ぜながらパスタのパッケージの表示時間どおりに蒸し煮にする。

2_ ふたを取り、さらに2〜3分煮つめる。水分が深さ1cmほどになり、パスタが好みの硬さになったら火を止める。

3_ 仕上げのかぶの葉とオリーブオイルを加えて手早くあえ、器に盛る。

Note
・かぶは皮つきのまま火を通し、歯ごたえを残して味わう。
・ゆで時間が12分より短いパスタを使うときは、鶏肉をもう少し小さく切るか、ゆで時間を長くする。

スパゲティーニ　160g

▶ ざっと洗い、水につけてふやかす

[具] チョリソー　½本(75g)▶ 5mm幅の斜め切りにする

ベーコン(ブロック)　50g ▶ 1cm角に切る

スナップえんどう　10本 ▶ へたと筋を取る

さやいんげん(細めのもの)　15〜16本 ▶ へたを取る

そら豆(さやから出す)　120g ▶ 薄皮をむく

にんにく　1かけ ▶ 包丁の柄で3〜4回たたいてつぶす

[A] オリーブオイル　大さじ1

水　500ml

塩　小さじ½

こしょう　少々

[仕上げ] オリーブオイル　大さじ2

作り方

1_ 鍋にAを入れて混ぜ、パスタと具を加える。ふたをして中火で熱し、ときどき混ぜながらパスタのパッケージの表示時間どおりに蒸し煮にする。

2_ ふたを取り、さらに1〜2分煮つめる。水分が深さ1cmほどになり、パスタが好みの硬さになったら火を止める。

3_ 仕上げのオリーブオイルを加えて手早くあえ、器に盛る。

Note
・チョリソーとベーコンのうま味がソースにしっかり溶け込んでこくのある味に。
・ベーコンは薄切り3枚を1cm幅に切って代用してもOK。

チョリソーと豆野菜の
オイルソース
Haricots au chorizo

ソーセージ、にんじん、グリーンピースの オレンジバターソース

Saucisses, carottes, petits pois

材料

ペンネ　160g ▶ ざっと洗い、水につけてふやかす

［具］ソーセージ　6本 ▶ 1cm長さに切る

にんじん　½本 ▶ 1cm角に切る

グリーンピース（さやから出す）　120g

玉ねぎ　½個 ▶ 1cm角に切る

［A］オリーブオイル　大さじ1

オレンジの絞り汁　2個分(200㎖)

水　300㎖

塩　小さじ½

こしょう　少々

［仕上げ］オレンジの皮（ポストハーベスト農薬不使用のもの）　2個分
▶ オレンジの部分のみを薄く削ぎ取り、せん切りにする

バター　大さじ2 ▶ 室温においてやわらかくしておく

作り方

1_ 鍋にAを入れて混ぜ、パスタと具を加える。ふたをして中火で熱し、ときどき混ぜながらパスタのパッケージの表示時間どおりに蒸し煮にする。

2_ ふたを取り、さらに2〜3分煮つめる。水分が深さ1cmほどになり、パスタが好みの硬さになったら火を止める。

3_ 仕上げのオレンジの皮とバターを加えて手早くあえ、器に盛る。

Note

・オレンジの香りがさわやかな、ほんのり甘くてさっぱりとしたソース。彩りもきれいな1皿。
・オレンジの絞り汁が分量に足りないときは、水を加えて200㎖にする。100%オレンジジュースで代用することもできる。

ミニミートボールのコーンクリームソース

Petites boulettes de viande

材料

フェットチーネ　160g ▶ ざっと洗い、水につけてふやかす

[具] 合いびき肉　200g
　　　▶ よく練ってから30等分にして丸める [a]
　　コーンクリーム（缶詰）　100mℓ [b]
　　グリーンアスパラガス　5本
　　　▶ 1.5cm長さに切る
　　玉ねぎ　¼個 ▶ みじん切りにする

[A] オリーブオイル　大さじ1
　　水　500mℓ
　　塩　小さじ½
　　こしょう　少々

[仕上げ] 生クリーム　100mℓ
　　粗びき黒こしょう　適量

作り方

1_ 鍋に A を入れて混ぜ、パスタと具を合いびき肉がいちばん上になるようにして加える。ふたをして中火で熱し、沸騰して、肉の色が変わったら、ときどき混ぜながらパスタのパッケージの表示時間どおりに蒸し煮にする。

2_ ふたを取り、さらに1〜2分煮つめる。水分が深さ1cmほどになり、パスタが好みの硬さになったら火を止める。

3_ 仕上げの生クリームを加え、手早くあえる。器に盛り、粗びき黒こしょうをふる。

Note
・クリーム系の濃厚なソースが平麺にからんで、くせになる味。
・ミートボールはくずれないよういちばん上にして鍋に入れる。

[a] ひき肉はつなぎなしで丸めているので、沸騰してからそっと混ぜるようにすると、形がきれいに残る。火が通りやすいよう、ミニサイズにするのがポイント。

[b] コーンクリーム缶をソースとして使う。手軽に濃厚な味が作れる。

牛肉ときのこのストロガノフ風
Bœuf aux champignons

材料

リングイネ　160g ▶ ざっと洗い、水につけてふやかす

[具]
牛こま切れ肉　200g
しめじ　1パック ▶ 小房に分ける
しいたけ　6個 ▶ 1cm幅に切る
玉ねぎ　½個 ▶ 繊維に垂直に1cm幅に切る

[A]
デミグラスソース（缶詰）　100mℓ [a]
オリーブオイル　大さじ1
赤ワイン　200mℓ
水　300mℓ
塩　小さじ½
こしょう　少々

[仕上げ]
生クリーム　100mℓ
クレソン　適量

[a]  デミグラスソース缶がないときは、トマトケチャップ大さじ4＋ウスターソース大さじ1＋しょうゆ大さじ1＋みりん大さじ1を合わせたもので代用を。

作り方

1_ 鍋にAを入れて混ぜ、パスタと具を加える。ふたをして中火で熱し、ときどき混ぜながらパスタのパッケージの表示時間どおりに蒸し煮にする。

2_ ふたを取り、さらに2〜3分煮つめる。水分が深さ1cmほどになり、パスタが好みの硬さになったら火を止める。

3_ 仕上げの生クリームの½量を加え、手早くあえる。器に盛り、残りの生クリームをかけ、クレソンを添える。

Note
・ビーフストロガノフをパスタにアレンジした豪華な1皿。おもてなしにもぴったり。

豚ヒレとマッシュルームの
マスタードクリームソース
Filet mignon de porc aux champignons

材料

スパゲティ（1.7㎜）　160g ▶ ざっと洗い、水につけてふやかす

[具] 豚ヒレかたまり肉　200g
　　　▶ 5㎝長さに切り、縦4等分に切る
　　　マッシュルーム　8個 ▶ 縦4等分に切る
　　　ローズマリー　1茎

[A] オリーブオイル　大さじ1
　　　生クリーム　100㎖
　　　白ワイン　50㎖
　　　水　350㎖
　　　塩　小さじ½
　　　こしょう　少々

[仕上げ] 粒マスタード　大さじ1
　　　生クリーム　100㎖
　　　ローズマリー　適量 ▶ 葉先を摘む

作り方

1_ 鍋にAを入れて混ぜ、パスタと具を加える。ふたをして中火で熱し、ときどき混ぜながらパスタのパッケージの表示時間どおりに蒸し煮にする。

2_ ふたを取り、さらに1〜2分煮つめる。水分が深さ1㎝ほどになり、パスタが好みの硬さになったら火を止める。

3_ 仕上げの粒マスタードと生クリームを加え、手早くあえる。器に盛り、ローズマリーを散らす。

Note
・粒マスタードをピリッと効かせたクリームソース。風味をしっかりと残すため、仕上げにさっと加える。

Plat d'accompagnement

よく合うサイドメニュー

ラディッシュのピンクピクルス

材料 —— 作りやすい分量

ラディッシュ　10個 ▶ 葉を切り落とす
れんこん　½節
　　　▶ 2㎝角に切り、水に2〜3分さらす
カリフラワー　¼個 ▶ 小房に分ける

[A] はちみつ　大さじ2
　　　酢　100㎖
　　　水　150㎖
　　　塩　大さじ½
　　　こしょう　少々
　　　ローリエ　1枚

作り方

1_ 耐熱性のボウルにAを入れて混ぜ合わせる。

2_ 残りの材料を加えてふんわりとラップをし、電子レンジで3分ほど加熱する。取り出してさっくりと混ぜ、ラップで落としぶたをし、そのまま粗熱をとる。

＊冷蔵室で4〜5日保存可能。

チリコンカン風
Chili con carne

材料

ペンネ　160g ▶ ざっと洗い、水につけてふやかす

[具]
合いびき肉　150g

ミックスビーンズ (缶詰)　1缶 (130g) [a]

玉ねぎ　½個 ▶ みじん切りにする

にんにく　1かけ ▶ 包丁の柄で3〜4回たたいてつぶす

赤唐辛子の小口切り　小さじ1

[A]
固形スープの素　½個

カレー粉　大さじ1

オリーブオイル　大さじ1

ウスターソース　大さじ1

トマトケチャップ　大さじ2

トマト水煮缶 (ホール)　½缶 (200g) ▶ 果肉はざく切りにする

水　400㎖

塩　小さじ½

こしょう　少々

[仕上げ]
パルミジャーノレッジャーノ　適量
▶ すりおろす

好みの豆の水煮を組み合わせてもよい。

作り方

1＿ 鍋に A を入れて混ぜ、パスタと具を加える。ふたをして中火で熱し、ときどき混ぜながらパスタのパッケージの表示時間どおりに蒸し煮にする。

2＿ ふたを取り、さらに2〜3分煮つめる。水分が深さ1㎝ほどになり、パスタが好みの硬さになったら火を止める。

3＿ 器に盛り、仕上げのパルミジャーノレッジャーノをふる。

Note
・スパイシーなトマトソースでエスニック気分に浸るパスタ。
・ショートパスタがよく合うのでここはぜひペンネで。

 # ミートソース
Sauce à spaghetti à la viande

材料

スパゲティ（2.2mm）　160g ▶ ざっと洗い、水につけてふやかす

［具］　合いびき肉　150g

しいたけ　6個 ▶ みじん切りにする

玉ねぎ　½個 ▶ みじん切りにする

にんにく　1かけ ▶ 包丁の柄で3〜4回たたいてつぶす

ローリエ　1枚

［A］　固形スープの素　½個

オリーブオイル　大さじ1

トマトケチャップ　大さじ1

トマト水煮缶（ホール）　½缶（200g）▶ 果肉はざく切りにする

赤ワイン　100ml

水　400ml

塩　小さじ½

こしょう　少々

［仕上げ］　パルミジャーノレッジャーノ　適量 ▶ 薄く削る

作り方

1_ 鍋にAを入れて混ぜ、パスタと具を加える。ふたをして中火で熱し、ときどき混ぜながらパスタのパッケージの表示時間どおりに蒸し煮にする。

2_ ふたを取り、さらに3〜4分煮つめる。水分が深さ1cmほどになり、パスタが好みの硬さになったら火を止める。

3_ 器に盛り、仕上げのパルミジャーノレッジャーノを散らす。

Note
・太麺によく合う、クラシックな簡易版ミートソース。
・ふたを取ってから、少し長めに煮つめるのがポイント。

魚介が主役の
魔法のパスタ

えびとズッキーニのレモンクリームソース
Crevettes et courgettes

材料

スパゲティーニ(1.6㎜)　160g ▶ ざっと洗い、水につけてふやかす

[具] ゆでえび(殻つき・無頭)　12尾

▶ 尾を残して殻をむき、背わたを取る

ズッキーニ　1本 ▶ 5㎜厚さの輪切りにする

グリーンピース(生)　60g

レモン(ポストハーベスト農薬不使用のもの)　½個

▶ 輪切りにする

[A] オリーブオイル　大さじ1

生クリーム　100㎖

水　400㎖

塩　小さじ½

こしょう　少々

[仕上げ] 生クリーム　100㎖

レモンの皮(ポストハーベスト農薬不使用のもの)　½個分

▶ 黄色い部分のみを薄く削ぎ取ってせん切りにする

ディル　適量 ▶ 粗く刻む

作り方

1_ 鍋にAを入れて混ぜ、パスタと具を加える。ふたをして中火で熱し、ときどき混ぜながらパスタのパッケージの表示時間どおりに蒸し煮にする。

2_ ふたを取り、さらに1〜2分煮つめる。水分が深さ1㎝ほどになり、パスタが好みの硬さになったら火を止める。

3_ 仕上げの生クリームを加え、手早くあえる。器に盛り、レモンの皮をのせ、ディルを散らす。

Note

・魚介によく合う、さわやかな風味のレモンクリームソース。

・生のグリーンピースがないときは、冷凍グリーンピースを凍ったまま加える。缶のものでも可。

〈この章について〉

▶ 魚や貝などをふんだんに使った、色鮮やかなパスタです。おもてなしにもぴったり。

▶ 魚介によく合うさわやかなソースが多いです。いろんな魚介と組み合わせてみてください。

▶ 具の切り方はパスタのゆで時間でしっかり火が通るようにしていますが、生煮えだった場合は、パスタだけ先に取り出すなどし、魚介にはしっかりと火を通してください。

金目鯛のアクアパッツァ風
Poisson à l'eau folle

材料

スパゲティ（1.7㎜）　160g ▶ ざっと洗い、水につけてふやかす

[具]
金目鯛（切り身）　2切れ ▶ 2㎝厚さのそぎ切りにする

あさり（砂抜き済み）　10個

ミニトマト　10個 ▶ へたを取る

オリーブ（種つき、黒・緑）　各8個

アンチョビ（フィレ）　2枚 ▶ みじん切りにする

ケーパー　小さじ1

[A]
オリーブオイル　大さじ1

白ワイン　100㎖

水　400㎖

塩　小さじ½

こしょう　少々

[仕上げ]
オリーブオイル　大さじ2

バジルの葉　3〜4枚 ▶ 粗く刻む

イタリアンパセリ　1茎 ▶ 葉を摘んで粗く刻む

作り方

1_ 鍋に **A** を入れて混ぜ、パスタと**具**を加える。ふたをして中火で熱し、ときどき混ぜながらパスタのパッケージの表示時間どおりに蒸し煮にする。

2_ ふたを取り、さらに1〜2分煮つめる。水分が深さ1㎝ほどになり、パスタが好みの硬さになったら火を止める。

3_ 仕上げのオリーブオイルを加え、手早くあえる。器に盛り、バジルとイタリアンパセリを散らす。

Note
・あさりのだしにアンチョビのうま味、ハーブの香りでアクセントをつけたパスタ。そのまま鍋で出したくなる豪華さ。
・金目鯛のほか、鯛、すずき、いさきなど、好みの白身魚でどうぞ。

Plat d'accompagnement よく合うサイドメニュー

マンゴーと生ハムのサラダ

材料 —— 作りやすい分量

マンゴー　1個
▶ 果肉を切り取って皮をむき、縦3等分に切る

生ハム　6枚

グリーンカール　適量
▶ 食べやすい大きさに手でちぎる

作り方

1_ 器にグリーンカールを敷き、マンゴーと生ハムを盛る。

 # さばと長ねぎのブイヤベース風
Maquereaux et oignons verts

材料

フェットチーネ　160g ▶ ざっと洗い、水につけてふやかす

[具]
さば(三枚おろし)　大1切れ(200g) ▶ 1cm幅に切る

あさり(砂抜き済み)　10個

長ねぎ　1本 ▶ 5cm長さに切り、1切れは仕上げ用に
白髪ねぎにし、残りは縦4等分に切る

セロリ　1本 ▶ 5cm長さ×1cm幅の短冊切りにする

[A]
固形スープの素　½個

オリーブオイル　大さじ1

トマト水煮缶(ホール)　½缶(200g) ▶ 果肉はざく切りにする

白ワイン　100mℓ

水　300mℓ

塩　小さじ½

こしょう　少々

[仕上げ]
レモンのくし形切り　2切れ

ルイユ ▶ 混ぜ合わせておく

マヨネーズ　大さじ2

にんにく　½かけ ▶ すりおろす

作り方

1_ 鍋にAを入れて混ぜ、パスタと具(白髪ねぎは除く)を加える。ふたをして中火で熱し、ときどき混ぜながらパスタのパッケージの表示時間どおりに蒸し煮にする。

2_ ふたを取り、さらに1〜2分煮つめる。水分が深さ1cmほどになり、パスタが好みの硬さになったら火を止める。

3_ 器に盛り、白髪ねぎをのせ、仕上げのレモンとルイユを添える。

Note

・マヨネーズとにんにくで簡易なルイユを作って添え、レモンをきゅっと絞っていただくのが、おいしさの総仕上げ。

たらこバターのパスタ
Œufs de morue

材料

フェデリーニ (1.4mm)　160g ▶ ざっと洗い、水につけてふやかす

Ａ
- オリーブオイル　大さじ1
- 水　450㎖
- 塩　小さじ½
- こしょう　少々

仕上げ
- バター　大さじ3 ▶ 室温においてやわらかくしておく
- たらこ (大)　1腹 (100g) ▶ 身を取り出す
- 水菜　2株 ▶ 4cm長さに切る
- みょうが　2個 ▶ 縦半分に切って、斜め薄切りにする
- 青じそ　4枚 ▶ 縦半分に切って、せん切りにする

作り方

1_ 鍋にＡを入れて混ぜ、パスタを加える。ふたをして中火で熱し、ときどき混ぜながらパスタのパッケージの表示時間どおりに蒸し煮にする。

2_ ふたを取り、さらに1〜2分煮つめる。水分が深さ1cmほどになり、パスタが好みの硬さになったら火を止める。

3_ 仕上げのバター、たらこ、水菜を加え、手早くあえる。器に盛り、みょうがと青じそを散らす。

Note
- 具は仕上げに加えるものだけの、和風の「あえパスタ」。シャキシャキとした水菜の食感やたらこの生っぽさを生かすため。

 たらとじゃがいものパセリクリームソース
Morue aux pommes de terre

材料

ペンネ　160g ▶ ざっと洗い、水につけてふやかす

[具]
　生たら (切り身)　2切れ ▶ 2cm厚さのそぎ切りにする
　じゃがいも　2個 ▶ 2cm角に切る
　玉ねぎ　¼個 ▶ みじん切りにする
　アンチョビ (フィレ)　2切れ ▶ みじん切りにする
　にんにく　1かけ ▶ 包丁の柄で3〜4回たたいてつぶす

[A]
　オリーブオイル　大さじ1
　生クリーム　100㎖
　白ワイン　100㎖
　水　300㎖
　塩　小さじ½
　こしょう　少々

[仕上げ]
　イタリアンパセリ　3〜4茎 ▶ 葉を摘み、みじん切りにする
　生クリーム　100㎖
　クルトン (別枠参照)　適量

Note
・香りを出すため、仕上げのイタリアンパセリはたっぷりと加える。
・カリカリとしたクルトンがアクセントに。

作り方

1_ 鍋にAを入れて混ぜ、パスタと具を加える。ふたをして中火で熱し、ときどき混ぜながらパスタのパッケージの表示時間どおりに蒸し煮にする。

2_ ふたを取り、さらに2〜3分煮つめる。水分が深さ1cmほどになり、パスタが好みの硬さになったら火を止める。

3_ 仕上げのイタリアンパセリと生クリームを加え、手早くあえる。器に盛り、クルトンを散らす。

クルトン

材料と作り方

1_ 食パン (8枚切り) 2枚の耳を切り落とし、1cm角に切る。フライパンに入れて中火で熱し、木べらなどでときどき混ぜながら薄く色づくまから炒りする [a]。

残った食パンやバゲットなどで簡単に作れる。市販品を使ってもよい。

鮭と小松菜のガーリックバターソース
Saumon et komatsuna

材料

ファルファッレ　160g ▶ ざっと洗い、水につけてふやかす

[具]
生鮭(切り身)　2切れ ▶ 2cm角に切る

小松菜　⅓束 ▶ 3cm長さに切る

玉ねぎ　¼個 ▶ みじん切りにする

にんにく　1かけ ▶ 包丁の柄で3〜4回たたいてつぶす

[A]
オリーブオイル　大さじ1

白ワイン　100ml

水　400ml

塩　小さじ½

こしょう　少々

[仕上げ]
バター　大さじ2 ▶ 室温においてやわらかくしておく

にんにく　½かけ ▶ すりおろす

Note
・おなじみの食材で作る洋風パスタ。青菜は好みのものでOK。
・バターとにんにくの風味を残すため、仕上げに加えて余熱で溶かしながらいただく。

作り方

1_ 鍋にAを入れて混ぜ、パスタと具を加える。ふたをして中火で熱し、ときどき混ぜながらパスタのパッケージの表示時間どおりに蒸し煮にする。

2_ ふたを取り、さらに2〜3分煮つめる。水分が深さ1cmほどになり、パスタが好みの硬さになったら火を止める。

3_ 仕上げのバターとにんにくを加えて手早くあえ、器に盛る。

海の幸とドライトマトの
スパゲティ →P66
Fruits de mer et tomates séchées

ほたてと豆苗の
アーリオ・オーリオ →P67
Coquilles Saint-Jacques et pousses de pois

海の幸とドライトマトのスパゲティ
Fruits de mer et tomates séchées

材料

スパゲティ(1.7㎜)　160g ▶ ざっと洗い、水につけてふやかす

[具] いかの胴　1ぱい分 ▶ 1㎝厚さの輪切りにする

ムール貝　8個

むきえび　120g

ドライトマト　5～6個

にんにく　1かけ ▶ 包丁の柄で3～4回たたいてつぶす

[A] オリーブオイル　大さじ1

白ワイン　100㎖

水　400㎖

塩　小さじ½

こしょう　少々

[仕上げ] イタリアンパセリ　2茎 ▶ 葉を摘んで、粗く刻む

オリーブオイル　大さじ2

作り方

1_ 鍋にAを入れて混ぜ、パスタと具を加える。ふたをして中火で熱し、ときどき混ぜながらパスタのパッケージの表示時間どおりに蒸し煮にする。

2_ ふたを取り、さらに1～2分煮つめる。水分が深さ1㎝ほどになり、パスタが好みの硬さになったら火を止める。

3_ 仕上げのイタリアンパセリとオリーブオイルを加えて手早くあえ、器に盛る。

Note

・生トマトではなくドライトマトならソースが水っぽくならず、魚介のおいしさをダイレクトに引き立ててくれる。

・ムール貝の代わりにあさり150gでもOK。

Plat d'accompagnement　　　　　　　　　　　　　　　　よく合うサイドメニュー

赤いんげん豆のマリネ

材料 —— 作りやすい分量

赤いんげん豆(ドライパック)　120g

紫玉ねぎ　¼個 ▶ みじん切りにする

イタリアンパセリ　適量

[A] オリーブオイル　大さじ2

砂糖　小さじ½

レモン汁　大さじ2

水　大さじ3

塩　小さじ⅓

こしょう　少々

作り方

1_ ボウルにAを入れて混ぜ合わせ、赤いんげん豆と紫玉ねぎを加えてあえる。20分以上おいて味をなじませてから器に盛り、イタリアンパセリを手でちぎりながら散らす。

ほたてと豆苗のアーリオ・オーリオ
Coquilles Saint-Jacques et pousses de pois

材料

スパゲティーニ(1.6mm) 160g ▶ ざっと洗い、水につけてふやかす

[具] ほたて(小) 16個
にんにく 1かけ ▶ 包丁の柄で3〜4回たたいてつぶす
赤唐辛子の小口切り 小さじ1

[A] オリーブオイル 大さじ1
水 500ml
塩 小さじ½
こしょう 少々

[仕上げ] 豆苗 1パック ▶ 長さを半分に切る
オリーブオイル 大さじ2

作り方

1_ 鍋にAを入れて混ぜ、パスタと具を加える。ふたをして中火で熱し、ときどき混ぜながらパスタのパッケージの表示時間どおりに蒸し煮にする。

2_ ふたを取り、さらに1〜2分煮つめる。水分が深さ1cmほどになり、パスタが好みの硬さになったら火を止める。

3_ 仕上げの豆苗とオリーブオイルを加えて手早くあえ、器に盛る。

Note
・シンプルだけど飽きのこないおいしさ。
・ほたてが大きいときは、厚さを半分に切って火が通りやすいようにしておく。

フルーツとナッツのカマンベールカナッペ

材料 —— 作りやすい分量

カマンベール 1個(100g)
▶ 厚さを半分に切る

[A] 好みのドライフルーツ
(アプリコット、いちじくなど) 合計30g
▶ 粗く刻む

お好みのナッツ
(おつまみ用のピスタチオ、アーモンドなど) 合計15g
▶ 粗く刻む

作り方

1_ カマンベールにAを彩りよくのせ、食べやすい大きさに切り分けていただく。

しらす、桜えび、青唐辛子の
アーリオ・オーリオ →P70
Shirasu, crevettes, piments verts

たことパプリカの
トマトソース →P71
Poulpe au paprika

しらす、桜えび、青唐辛子のアーリオ・オーリオ
Shirasu, crevettes, piments verts

材料

カッペリーニ　160g ▶ ざっと洗い、水につけてふやかす

[具]
しらす　30g

桜えび(乾燥)　大さじ4

青唐辛子　2本 ▶ 小口切りにする

にんにく　2かけ ▶ 包丁の柄で3〜4回たたいてつぶす

[A]
オリーブオイル　大さじ1

水　400㎖

塩　小さじ½

こしょう　少々

[仕上げ]
しし唐辛子　6本 ▶ 小口切りにする

オリーブオイル　大さじ2

作り方

1_ 鍋にAを入れて混ぜ、パスタと具を加える。ふたをして中火で熱し、ときどき混ぜながらパスタのパッケージの表示時間どおりに蒸し煮にする。

2_ ふたを取り、さらに30秒〜1分煮つめる。水分が深さ1㎝ほどになり、パスタが好みの硬さになったら火を止める。

3_ 仕上げのしし唐辛子とオリーブオイルを加えて手早くあえ、器に盛る。

Note
・細いカッペリーニはまるでビーフンのような仕上がりに。スルスルとお腹に入っていく食べやすさ。
・青唐辛子でさっぱりとした後味に。

Plat d'accompagnement　　　　　　　　　　　　　　　　　　　よく合うサイドメニュー

大根とハムのミルフィーユ

材料 —— 作りやすい分量

大根　3cm

▶ 皮つきのまま3〜4㎜厚さの輪切りにし、7枚にする

ロースハム　6枚

[A]
酢　大さじ2

砂糖　小さじ2

塩　小さじ⅓

作り方

1_ ボウルにAを入れて混ぜ合わせ、大根を加えて4〜5分つける。しんなりしたら水けをふきとる。

2_ 大根とロースハムを交互に重ね、ピックを6本刺し、6等分に切り分ける。

たことパプリカのトマトソース
Poulpe au paprika

材料

リングイネ　160g ▶ ざっと洗い、水につけてふやかす

[具]
ゆでだこ　足2本(200g) ▶ 1.5cm長さに切る

パプリカ(赤・黄)　各½個 ▶ 5mm幅の細切りにする

セロリ　½本 ▶ 1cm幅の斜め切りにする

オリーブ(黒)　10個

玉ねぎ　¼個 ▶ みじん切りにする

にんにく　1かけ ▶ 包丁の柄で3〜4回たたいてつぶす

ローリエ　1枚

[A]
固形スープの素　½個

オリーブオイル　大さじ1

トマトケチャップ　大さじ1

トマト水煮缶(ホール)　½缶(200g) ▶ 果肉はざく切りにする

白ワイン　50mℓ

水　350mℓ

塩　小さじ½

こしょう　少々

作り方

1_ 鍋にAを入れて混ぜ、パスタと具を加える。ふたをして中火で熱し、ときどき混ぜながらパスタのパッケージの表示時間どおりに蒸し煮にする。

2_ ふたを取り、さらに2〜3分煮つめる。水分が深さ1cmほどになり、パスタが好みの硬さになったら火を止め、器に盛る。

Note

・トマトソースと相性のいいたこを使った定番パスタ。オリーブの塩けがソースの味に奥行きを作り出している。

Plat d'accompagnement　　　　　　　　　　　　　　　　よく合うサイドメニュー

グリーンアスパラガスのビスマルク風

材料 — 作りやすい分量

グリーンアスパラガス　6本
ゆで卵(半熟)　1個
塩・こしょう　各少々

作り方

1_ グリーンアスパラガスは根元の固い部分を切り落とし、根元5cmほどの皮をピーラーでむく。ラップで包み、電子レンジで3分ほど加熱する。

2_ 器に盛り、ゆで卵をのせ、塩、こしょうをふる。ゆで卵をくずしてからませながらいただく。

牡蠣とほうれん草の
クリームソース —P74
Huîtres aux épinards

うにとカリフラワーの
クリームソース →P75
Oursin et chou-fleur

牡蠣とほうれん草のクリームソース
Huîtres aux épinards

材料

コンキリエ　160g　▶ ざっと洗い、水につけてふやかす

[具] 牡蠣(むき身・加熱用)　350g

ほうれん草　½束

　▶ ざく切りにし、耐熱ボウルに入れてひたひたの水を注ぎ、
ラップをして電子レンジで2分加熱する。
水に5分つけ、水けをよく絞り、みじん切りにする[a]

玉ねぎ　¼個　▶ みじん切りにする

[A] オリーブオイル　大さじ1

生クリーム　100ml

白ワイン　100ml

水　300ml

塩　小さじ½

こしょう　少々

[仕上げ] 生クリーム　100ml

作り方

1_ 鍋にAを入れて混ぜ、パスタと具を加える。ふた
をして中火で熱し、ときどき混ぜながらパスタのパッ
ケージの表示時間どおりに蒸し煮にする。

2_ ふたを取り、さらに2～3分煮つめる。水分が深さ
1cmほどになり、パスタが好みの硬さになったら火を止
める。

3_ 仕上げの生クリームを加えて手早くあえ、器に盛
る。

Note
・ほうれん草を細かくみじんに切って、ハーブのように使う。牡蠣のう
ま味を、とろみのついた濃厚ソースが逃さず包み込む。

ラップはゆるめにかけておく。
もちろん普通にゆでてもOK。

Plat d'accompagnement　　　　　　　　　　　　　　　　　　　　　　　よく合うサイドメニュー

キャロットラペ

材料 —— 作りやすい分量

にんじん　1本　▶ せん切りにする

オレンジ (ポストハーベスト農薬不使用のもの)　1個

　▶ 皮はよく洗ってすりおろし、果肉は薄皮を取って切り取る

[A] レモン汁　大さじ1

粒マスタード　大さじ1

オリーブオイル　大さじ1

砂糖　小さじ½

塩　小さじ¼

こしょう　少々

作り方

1_ ボウルにAを入れて混ぜ合わせ、
にんじん、オレンジの皮と果肉を加
え、さっくりと混ぜ合わせる。

*冷蔵室で3～4日保存可能

うにとカリフラワーのクリームソース
Oursin et chou-fleur

材料

スパゲティ (1.8mm)　160g ▶ ざっと洗い、水につけてふやかす

[具]｜カリフラワー　½個 ▶ 小房に分ける

[A]｜オリーブオイル　大さじ1
　　｜トマトジュース (無塩)　100mℓ
　　｜水　400mℓ
　　｜塩　小さじ½
　　｜こしょう　少々

[仕上げ]｜生うに　80g
　　｜生クリーム　100mℓ
　　｜芽ねぎ (あれば)　適量

作り方

1_ 鍋にAを入れて混ぜ、パスタと具を加える。ふたをして中火で熱し、ときどき混ぜながらパスタのパッケージの表示時間どおりに蒸し煮にする。

2_ ふたを取り、さらに2～3分煮つめる。水分が深さ1cmほどになり、パスタが好みの硬さになったら火を止める。

3_ 仕上げの生うにと生クリームを加え、手早くあえる。器に盛り、芽ねぎを散らす。

Note
・うには風味を生かすため、仕上げに加える。生クリームとからめ、余熱でとろりとしたところをいただくのが美味。

ルッコラと生ハムのサラダ バルサミコドレッシング

材料 —— 作りやすい分量

ルッコラ　4～5茎 ▶ 食べやすい大きさに手でちぎる
生ハム　4枚 ▶ 半分に切る
パルミジャーノレッジャーノ　適量 ▶ 薄く削る

[A]｜バルサミコ酢　大さじ1
　　｜オリーブオイル　大さじ½
　　｜塩・こしょう　各少々

作り方

1_ 器にルッコラ、生ハム、パルミジャーノレッジャーノをのせ、混ぜ合わせたAをかける。

Les nouilles magiques

魔法の麺

パスタ以外の乾麺でも、同じ調理法で作ることができます。
エスニック系のレシピをご紹介します。

鶏ひき肉のパッタイ →P78
Pad Thaï

チャプチェ →P78
Japchae

汁なし担々麺 →P79
Nouilles DanDan Mian à la Sichuanaise

鶏ひき肉のパッタイ
Pad Thaï

材料

パッタイ　160g ▸ ざっと洗い、水につけてふやかす

[具] 鶏ひき肉　100g
もやし　½袋
干しえび　大さじ2 ▸ みじん切りにする

[A] オイスターソース　小さじ1
ごま油　大さじ1
ナンプラー　大さじ1
砂糖　小さじ1
鶏ガラスープの素　小さじ1
一味唐辛子　少々
酒　大さじ1
水　450㎖
塩・こしょう　各少々

[仕上げ] にら　⅓束 ▸ 3㎝長さに切る
ピーナッツ（おつまみ用）　大さじ2 ▸ 粗く刻む
レモンのくし形切り　2切れ

作り方

1_ 鍋にAを入れて混ぜ、パッタイと具を加える。ふたをして中火で熱し、ときどき混ぜながらパッタイのパッケージの表示時間どおりに蒸し煮にする。

2_ ふたを取り、さらに1〜2分煮つめる。水分が深さ1㎝ほどになり、パッタイが好みの硬さになったら火を止める。

3_ 仕上げのにらを加え、手早くあえる。器に盛り、ピーナッツを散らし、レモンを添える。

Note
・パッタイはタイ風の焼きそば。もちもちとした食感に甘辛いたれがよくからんでおいしい。
・パッタイが手に入らないときはビーフンで代用できる。
・好みで仕上げに炒り卵を加えると、さらにおいしくなる。

チャプチェ
Japchae

材料

韓国春雨　160g ▸ ざっと洗い、水につけてふやかす

[具] 牛こま切れ肉　150g
玉ねぎ　¼個 ▸ 薄切りにする
にんじん　¼本 ▸ せん切りにする
しいたけ　2個 ▸ 薄切りにする
長ねぎ　5㎝ ▸ みじん切りにする
にんにく　1かけ ▸ 包丁の柄で3〜4回たたいてつぶす

[A] ごま油　大さじ1
砂糖　小さじ2
しょうゆ　大さじ2
酒　大さじ1
水　450㎖
塩・こしょう　各少々

[仕上げ] せり　¼束 ▸ ざく切りにする
糸唐辛子（あれば）　適量
白いりごま　適量

作り方

1_ 鍋にAを入れて混ぜ、春雨と具を加える。ふたをして中火で熱し、ときどき混ぜながら春雨のパッケージの表示時間どおりに蒸し煮にする。

2_ ふたを取り、さらに1〜2分煮つめる。水分が深さ1㎝ほどになり、春雨が好みの硬さになったら火を止める。

3_ 仕上げのせりを加え、手早くあえる。器に盛り、糸唐辛子と白いりごまを散らす。

Note
・普通の春雨でも代用できるが、ここは太めの韓国春雨でぜひ。
・仕上げに加えるせりの代わりに、せん切りにしたきゅうりやゆでた絹さやを加えてもOK。

汁なし担々麺
Nouilles DanDan Mian à la Sichuanaise

材料

インスタントラーメンの麺　2人分

▶ ざっと洗い、水につけてふやかす

[具] 豚ひき肉　150g

味つけザーサイ　大さじ2

チンゲン菜　1株 ▶ 茎は5cm長さに切る。

根元は縦4〜6等分に切る。

葉は3cm幅のざく切りにし、仕上げ用にする

長ねぎ　5cm ▶ みじん切りにする

しょうが　½かけ ▶ みじん切りにする

にんにく　1かけ ▶ 包丁の柄で3〜4回たたいてつぶす

[A] 甜麺醤　大さじ1

豆板醤　大さじ1

ごま油　大さじ1

鶏がらスープの素　小さじ1

白すりごま　大さじ1

酢　小さじ1

酒　大さじ1

水　450mℓ

粉山椒　少々

塩・こしょう　各少々

[仕上げ] 長ねぎ　5cm ▶ 白髪ねぎにする

ラー油　適量

粉山椒(好みで)　適量

作り方

1_ 鍋にAを入れて混ぜ、インスタントラーメンと具 (チンゲン菜の葉は除く)を加える。ふたをして中火で熱し、ときどき混ぜながら麺のパッケージの表示時間どおりに蒸し煮にする。

2_ ふたを取り、さらに1〜2分煮つめる。水分が深さ1cmほどになり、麺が好みの硬さになったら火を止める。

3_ チンゲンサイ菜の葉を加え、手早くあえる。器に盛り、仕上げの白髪ねぎを散らし、ラー油と粉山椒をふる。

Note
- 本場四川風の汁なし担々麺。辛味の決め手となる粉山椒とラー油は、お好みで調整を。
- 甜麺醤がないときは、みそ大さじ1＋砂糖小さじ½で代用する。

村田裕子
Yuko Murata

料理研究家、管理栄養士。出版社に勤務後、フリーの編集者を経て、料理研究家に転身。雑誌やテレビ番組などで簡単かつおいしいレシピを多数発表する一方、イタリア料理店のメニューを監修するなどパスタに造詣が深い。著書に『冷凍保存』(主婦と生活社)、『はじめての献立れんしゅう帖』(池田書店)など多数。

調理アシスタント　阿久津碧
撮影　鈴木泰介
スタイリング　曲田有子
デザイン　塙美奈(ME&MIRACO)
イラスト　よしいちひろ
レシピ整理　道広哲子
校閲　滄流社
編集　小田真一

[撮影協力]
STAUB http://www.staub.jp
ツヴィリング J.A. ヘンケルス ジャパン株式会社
☎ 0120-75-7155

CHASSEUR http://www.chasseur.jp
Silit http://www.silit.jp
ヴェーエムエフ ジャパン コンシューマーグッズ株式会社
☎ 03-3847-6862

UTUWA http://www.awabees.com/user_data/utuwa.php
東京都渋谷区千駄ヶ谷3-50-11 明星ビルディング1F

魔法のパスタ

著　者　村田裕子
編集人　泊出紀子
発行人　永田智之
発行所　株式会社 主婦と生活社
　　　　〒104-8357 東京都中央区京橋3-5-7
　　　　[編集部] ☎ 03-3563-5321
　　　　[販売部] ☎ 03-3563-5121
　　　　[生産部] ☎ 03-3563-5125
　　　　http://www.shufu.co.jp
製版所　東京カラーフォト・プロセス株式会社
印刷所　大日本印刷株式会社
製本所　大日本印刷株式会社

ISBN978-4-391-14836-7